AF205628

Impressum
Verlag: BABADADA GmbH, Nedderfeld 112 , 22529 Hamburg
Geschäftsführer / Verlagsleitung: Harald Hof
Druck: Books on Demand GmbH, In de Tarpen 42, 22848 Norderstedt

Imprint
Publisher: BABADADA GmbH, Nedderfeld 112 , 22529 Hamburg, Germany
Managing Director / Publishing direction: Harald Hof
Print: Books on Demand GmbH, In de Tarpen 42, 22848 Norderstedt, Germany

Schule
sekolah

Klassenzimmer
ruang kelas

dividieren
membagi

186/2

Tafel
papan

Schulhof
halaman sekolah

Lehrer
guru

Papier
kertas

schreiben
menulis

Stift
pena

Schreibtisch
meja kerja

Lineal
penggaris

Buch
buku

Schüler
murid

Ranzen

tas sekolah

Federmappe

tempat pensil

Bleistift

pensil

Bleistiftanspitzer

pengasah pensil

Radiergummi

penghapus

Zeichenblock

kertas gambar

Zeichnung

gambar

Pinsel

kuas

Malkasten

kotak cat

Schere

gunting

Klebstoff

lem

Übungsheft

buku latihan

Hausaufgabe

pekerjaan rumah

12

Zahl

angka

2+2

addieren

tambhakan

5-2

subtrahieren

mengurangi

2×2

multiplizieren

mengalikan

rechnen

menghitung

A

Buchstabe

huruf

ABCDEFG
HIJKLMN
OPQRSTU
VWXYZ

Alphabet

alfabet

hello

Wort

kata

Text
....
teks

lesen
....
membaca

Kreide
....
kapur

Stunde
....
pelajaran

Klassenbuch
....
daftar

Prüfung
....
ujian

Zeugnis
....
sertifikat

Schuluniform
....
seragam sekolah

Ausbildung
....
pendidikan

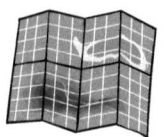

Lexikon
....
ensiklopedi

Universität
....
universitas

Mikroskop
....
mikroskop

Karte
....
peta

Papierkorb
....
tempat sampah

Reise
perjalanan

Grand
Hotel
hotel
Herberge
hostel
ROOMS
Wechselstube
kantor pertukaran mata uang
Koffer
koper
Auto
mobil

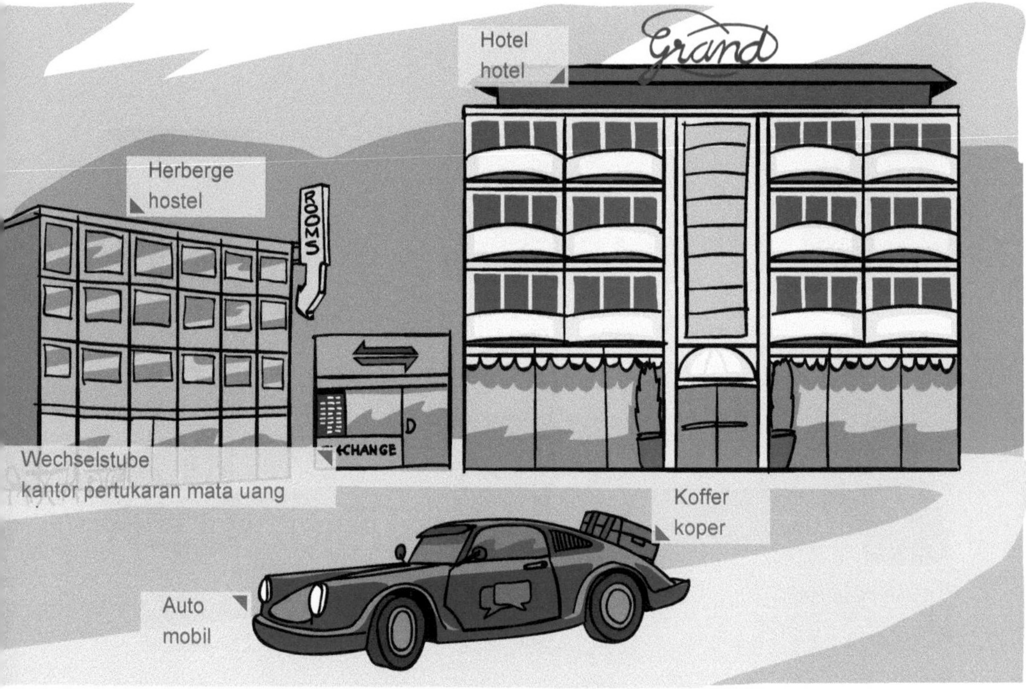

Sprache

bahasa

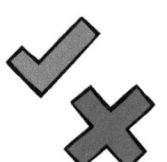

ja / nein

ya / tidak

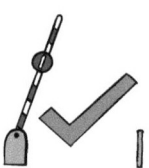

Okay

okay

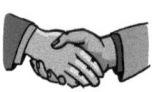

Hallo

hallo

Übersetzer

penerjemah

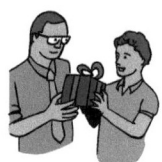

Danke

terima kasih

Was kostet...?

Berapa harganya...?

Ich verstehe nicht

saya tidak mengerti

Problem

masalah

Guten Abend!

Selamat malam!

Guten Morgen!

Selamat siang!

Gute Nacht!

Selamat tidur!

Auf Wiedersehen

sampai jumpa

Richtung

arah

Gepäck

bagasi

Tasche

tas

Rucksack

ransel

Gast

tamu

Zimmer

ruang

Schlafsack

kantong tidur

Zelt

tenda

Touristeninformation

informasi wisata

Strand

pantai

Kreditkarte

kartu kredit

Frühstück

sarapan

Mittagessen

makan siang

Abendessen

makan malam

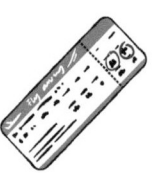

Fahrkarte

tiket

Fahrstuhl

elevator

Briefmarke

perangko

Grenze

perbatasan

Zoll

cukai

Botschaft

kedutaan

Visum

visa

Pass

paspor

Transport
transportasi

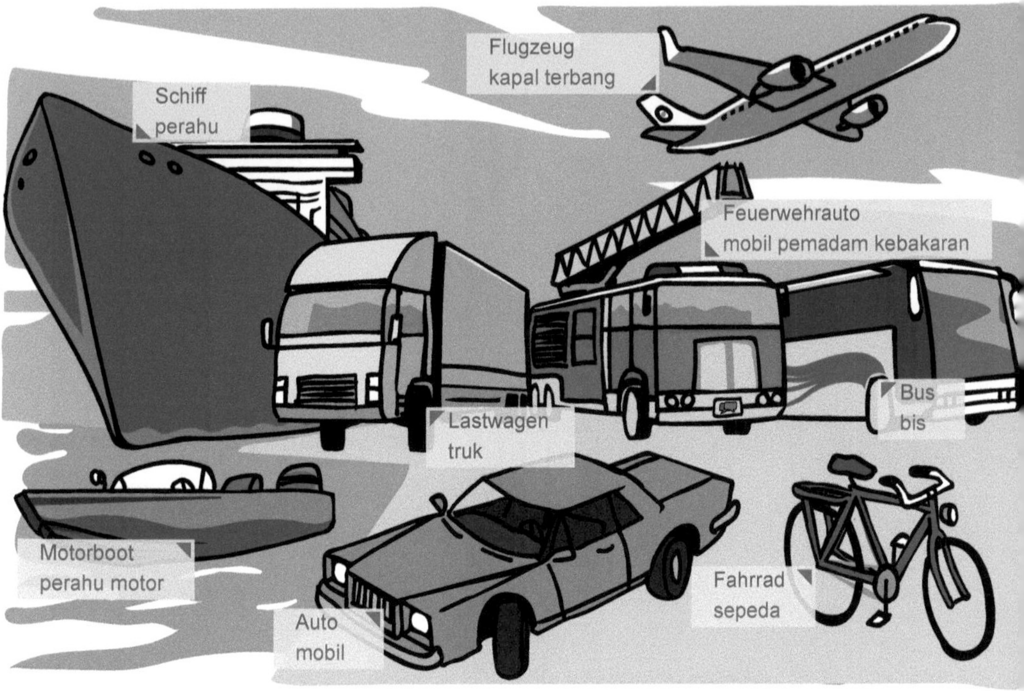

Flugzeug
kapal terbang

Schiff
perahu

Feuerwehrauto
mobil pemadam kebakaran

Bus
bis

Lastwagen
truk

Motorboot
perahu motor

Fahrrad
sepeda

Auto
mobil

Fähre

feri

Boot

perahu

Motorrad

sepeda motor

Polizeiauto

mobil polisi

Rennauto

mobil balapan

Mietwagen

mobil sewa

Carsharing

berbagi mobil

Abschleppwagen

truk derek

Müllauto

truk sampah

Motor

motor

Kraftstoff

bahan bakar

Tankstelle

bensin

Verkehrsschild

tanda lalulintas

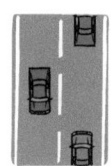

Verkehr

lalulintas

Stau

macet

Parkplatz

parkir mobil

Bahnhof

stasiun kereta

Schienen

trek

Zug

kereta api

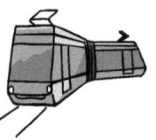

Straßenbahn

tram

Wagon

gerobak

Helikopter

helikopter

Flughafen

bendara

Tower

menara

Passagier

penumpang

Container

container

Karton

karton

Karren

troli

Korb

keranjang

starten / landen

berangkat / mendarat

Stadt

kota

Dorf

desa

Stadtzentrum

pusat kota

Haus

rumah

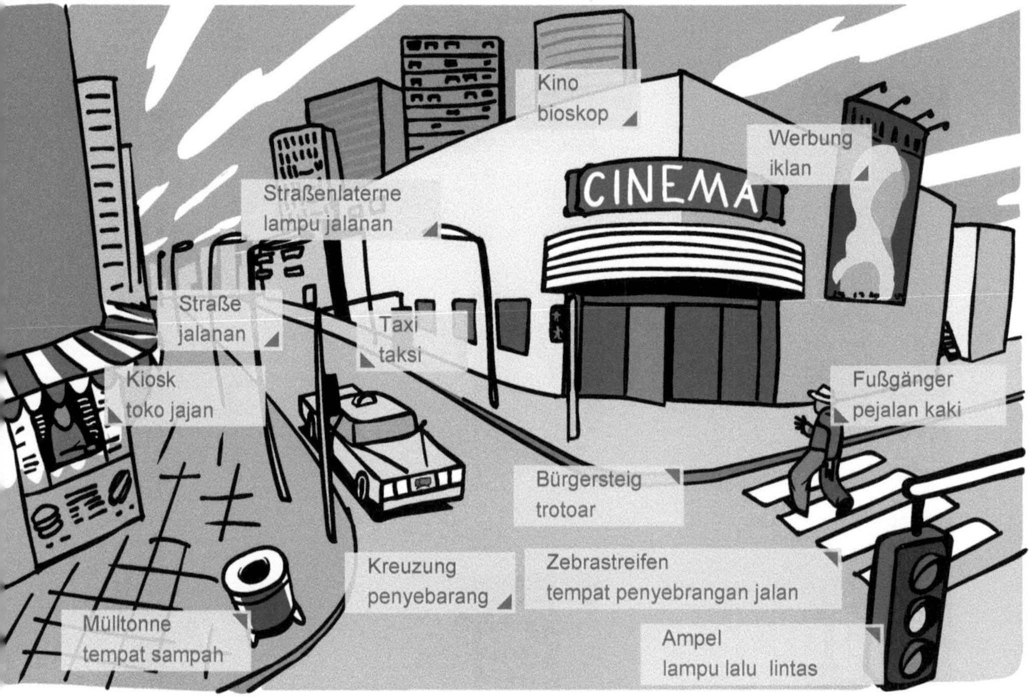

Kino
bioskop

Werbung
iklan

Straßenlaterne
lampu jalanan

Straße
jalanan

Taxi
taksi

CINEMA

Kiosk
toko jajan

Fußgänger
pejalan kaki

Bürgersteig
trotoar

Kreuzung
penyebarang

Zebrastreifen
tempat penyebrangan jalan

Mülltonne
tempat sampah

Ampel
lampu lalu lintas

Hütte

gubuk

Wohnung

rumah flat

Bahnhof

stasiun kereta

Rathaus

balai kota

Museum

museum

Schule

sekolah

Universität

universitas

Bank

bank

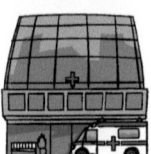

Krankenhaus

rumah sakit

Hotel

hotel

Apotheke

farmasi

Büro

kantor

Buchhandlung

toko buku

Geschäft

toko

Blumenladen

toko bunga

Supermarkt

supermarket

Markt

pasar

Kaufhaus

toko serba ada

Fischhändler

nelayan

Einkaufszentrum

pusat belanja

Hafen

pelabuhan

Park

taman

Bank

banku

Brücke

jembatan

Treppe

tangga

U-Bahn

kereta bawah tanah

Tunnel

terowongan

Bushaltestelle

pemberhantian bis

Bar

bar

Restaurant

restauran

Briefkasten

kotak surat

Straßenschild

tanda jalan

Parkuhr

meteran parkir

Zoo

kebun binatang

Badeanstalt

kolam renang

Moschee

mesjid

Bauernhof
pertanian

Umweltverschmutzung
polusi

Friedhof
kuburan

Kirche
gereja

Spielplatz
tempat bermain

Tempel
pura

Landschaft

pemandangan

Blatt
daun

Wegweiser
penunjuk arah

Weg
jalanan

Wiese
padang rumput

Stein
batu

Baum
pohon

Wanderer
pejalak kaki

Fluss
sungai

Gras
rumput

Blume
bunga

Tal

lembah

Berg

bukit

See

danau

Wald

hutan

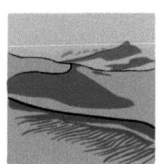

Wüste

padang gurun

Vulkan

gunung berapi

Schloss

istana

Regenbogen

pelangi

Pilz

jamur

Palme

pohon palem

Moskito

nyamuk

Fliege

lalat

Ameise

semut

Biene

lebah

Spinne

laba-laba

Käfer

kumbang

Frosch

kodok

Eichhörnchen

tupai

Igel

landak

Hase

kelinci

Eule

burung hantu

Vogel

burung

Schwan

angsa

Wildschwein

babi jantan

Hirsch

rusa

Elch

rusa

Staudamm

bendungan

Windrad

turbin angin

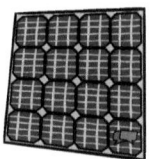

Solarmodul

panel surya

Klima

iklim

Restaurant
restauran

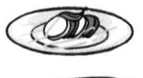

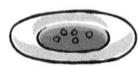

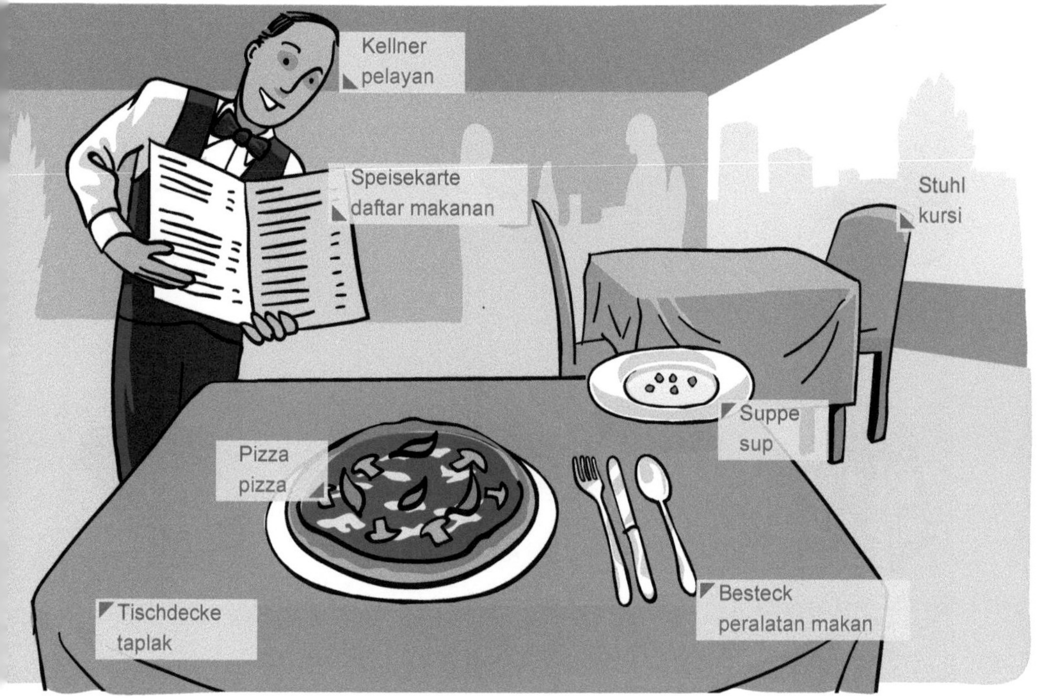

Kellner
pelayan
Speisekarte
daftar makanan
Stuhl
kursi
Suppe
sup
Pizza
pizza
Tischdecke
taplak
Besteck
peralatan makan

Vorspeise

hindangan pembuka

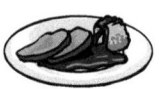

Hauptgericht

hidangan utama

Nachspeise

hidangan penutup

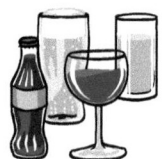

Getränke

minuman

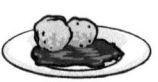

Essen

makanan

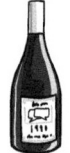

Flasche

botol

Fastfood

fastfood

Streetfood

masakan jalanan

Teekanne

teko teh

Zuckerdose

kaleng gula

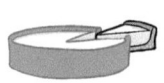

Portion

porsi

Espressomaschine

mesin espresso

Hochstuhl

kursi tinggi

Rechnung

tagihan

Tablett

baki

Messer

pisau

Gabel

garpu

Löffel

sendok

Teelöffel

sendok teh

Serviette

serbet

Glas

gelas

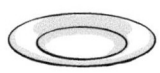

Teller

piring

Suppenteller

piring sup

Untertasse

lepek

Sauce

saus

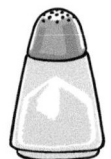

Salzstreuer

tempat garam

Pfeffermühle

gilingan merica

Essig

cuka

Öl

minyak

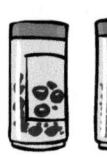

Gewürze

bumbu

Ketchup

saus tomat

Senf

mustar

Mayonnaise

mayones

Supermarkt

supermarket

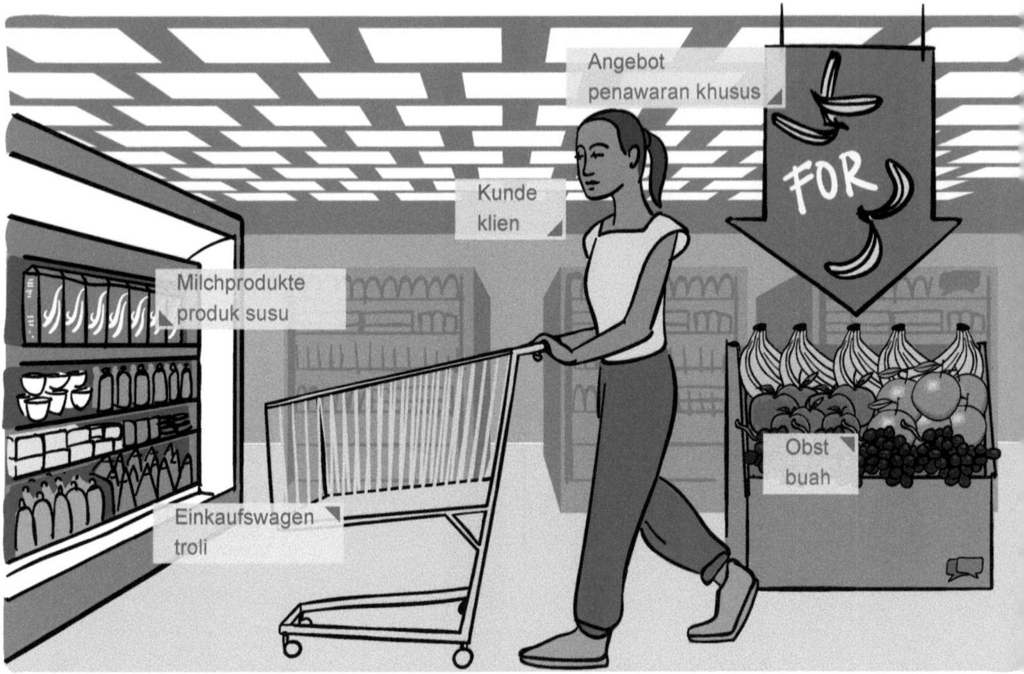

Angebot
penawaran khusus
FOR
Kunde
klien
Milchprodukte
produk susu
Obst
buah
Einkaufswagen
troli

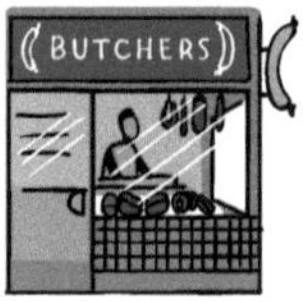

BUTCHERS

Schlachterei

pembantai

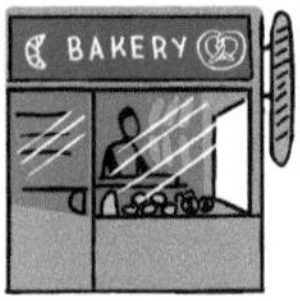

BAKERY

Bäckerei

toko roti

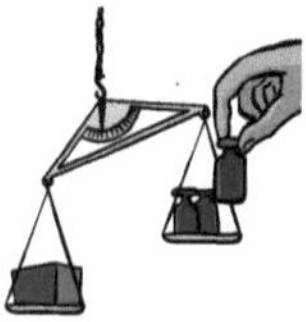

wiegen

menimbang

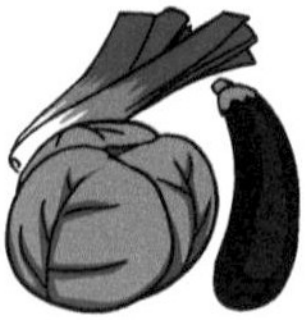

Gemüse

sayur

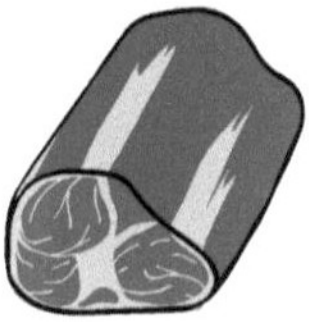

Fleisch

daging

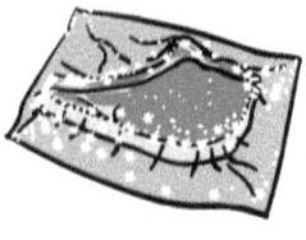

Tiefkühlkost

makanan beku

Aufschnitt

pemotongan dingin

Konserven

makanan kaleng

Waschmittel

sabun serbuk

Süßigkeiten

permen

Haushaltsartikel

alat-alat rumah tangga

Reinigungsmittel

obat pembersihan

Verkäuferin

penjual

Kasse

kasa

Kassierer

kasir

Einkaufsliste

daftar belanja

Öffnungszeiten

jam buka

Brieftasche

dompet

Kreditkarte

kartu kredit

Tasche

tas

Plastiktüte

kantong plastik

Wasser

air

Saft

jus

Milch

susu

Cola

cola

Wein

anggur

Bier

bir

Alkohol

alkohol

Kakao

coklat

Tee

teh

Kaffee

kopi

Espresso

espresso

Cappuccino

cappucino

Banane

pisang

Apfel

apel

Orange

jeruk

Melone

semangka

Zitrone

jeruk lemon

Karotte

wortel

Knoblauch

bawang putih

Bambus

bambu

Zwiebel

bawang bombai

Pilz

jamur

Nüsse

kacang

Nudeln

mi

Spaghetti

spagetti

Reis

nasi

Salat

salat

Pommes frites

kentang goreng

Bratkartoffeln

kentang goreng

Pizza

pizza

Hamburger

hamburger

Sandwich

sandwich

Schnitzel

sayatan

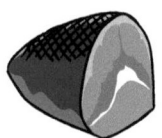

Schinken

ham

Salami

salami

Wurst

sosis

Huhn

ayam

Braten

menggoreng

Fisch

ikan

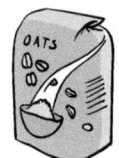

Haferflocken

bubur gandum

Müsli

sereal

Cornflakes

cornflakes

Mehl

tepung

Croissant

croissant

Brötchen

roti

Brot

roti

Toast

toast

Kekse

biskuit

Butter

mentega

Quark

dadih

Kuchen

kue

Ei

telur

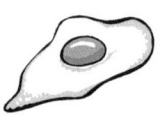

Spiegelei

telur goreng

Käse

keju

Eiscreme

eskrim

Zucker

gula

Honig

madu

Marmelade

selai

Nougat-Creme

krim nugat

Curry

kare

Bauernhof
pertanian

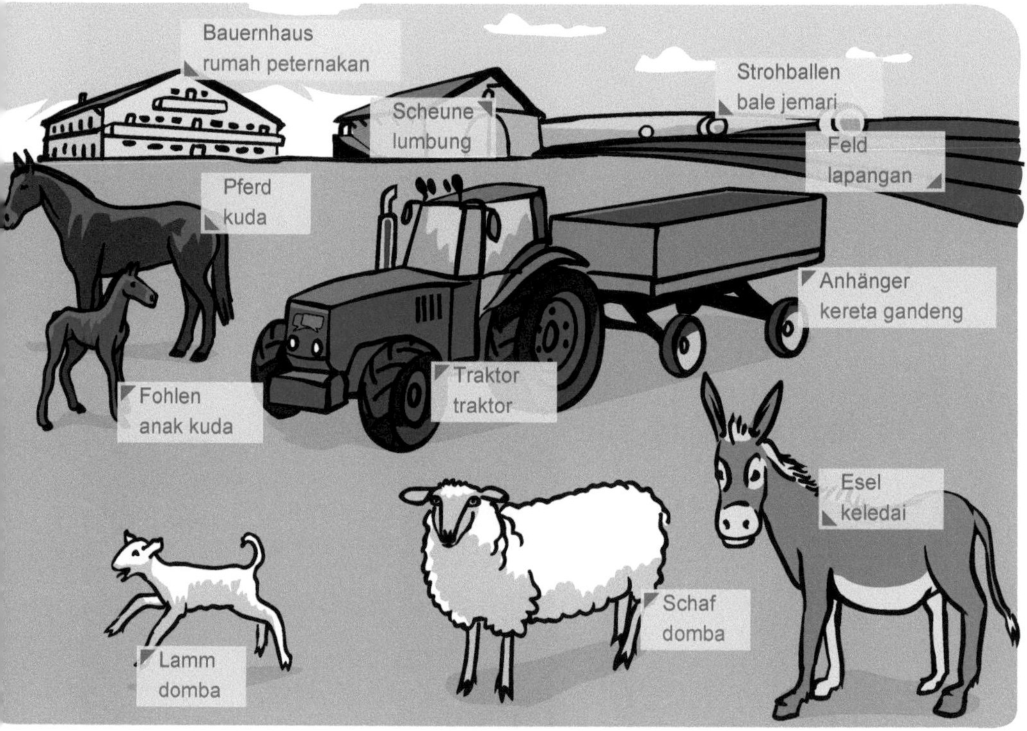

Bauernhaus
rumah peternakan
Scheune
lumbung
Strohballen
bale jemari
Feld
lapangan
Pferd
kuda
Anhänger
kereta gandeng
Traktor
traktor
Fohlen
anak kuda
Esel
keledai
Schaf
domba
Lamm
domba

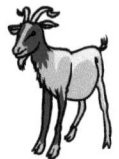

Ziege
kambing

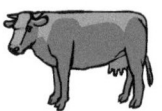

Kuh
sapi

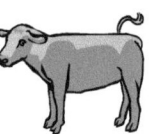

Kalb
betis

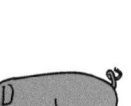

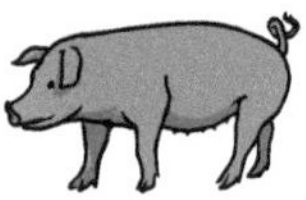
Schwein
babi

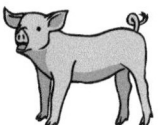

Ferkel
celeng

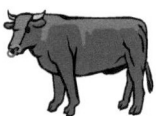

Bulle
banteng

Gans

angsa

Ente

bebek

Küken

anak ayam

Huhn

ayam

Hahn

ayam jantan

Ratte

tikus

Katze

kucing

Maus

tikus

Ochse

lembu

Hund

anjing

Hundehütte

rumah anjing

Gartenschlauch

selang

Gießkanne

penyiram

Sense

sabit

Pflug

bajak

Sichel

sabit

Hacke

cangkul

Mistgabel

garpu rumput

Axt

kapak

Schubkarre

gerobak

Trog

palung

Milchkanne

kaleng susu

Sack

karung

Zaun

pagar

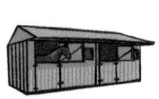

Stall

kandang

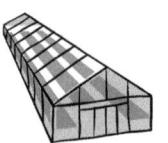

Treibhaus

rumah kaca

Boden

tanah

Saat

benih

Dünger

pupuk

Mähdrescher

mesin pemanen

ernten

panen

Ernte

panen

Yamswurzel

yams

Weizen

gandum

Soja

kedelai

Kartoffel

kentang

Mais

jagung

Raps

lobak

Obstbaum

pohon buah

Maniok

singkong

Getreide

sereal

Haus
rumah

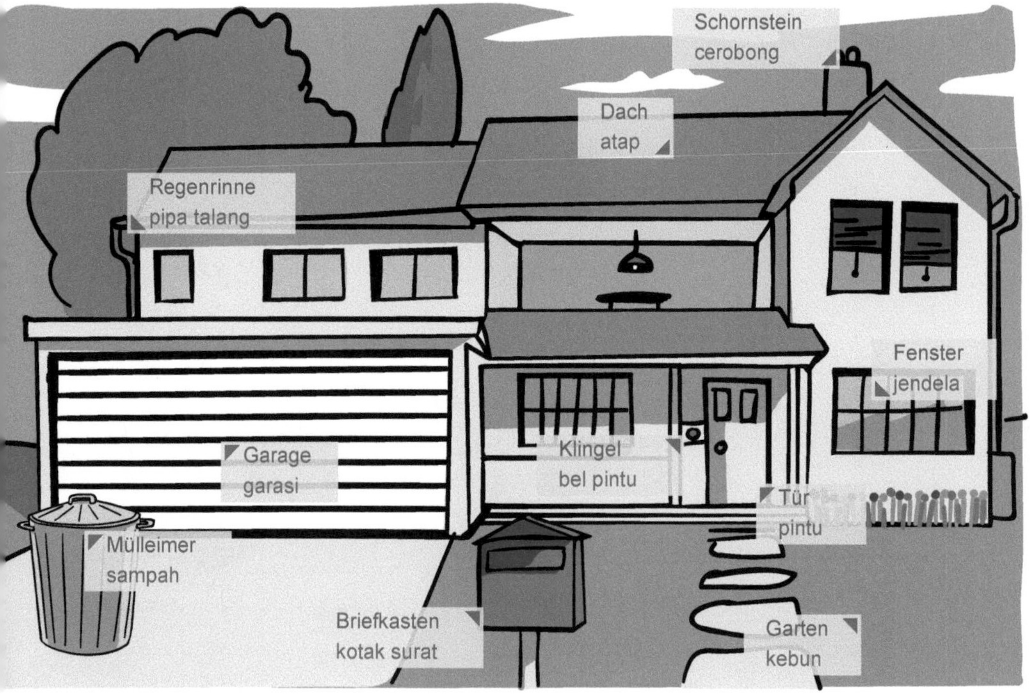

Schornstein
cerobong
Dach
atap
Regenrinne
pipa talang
Fenster
jendela
Garage
garasi
Klingel
bel pintu
Tür
pintu
Mülleimer
sampah
Briefkasten
kotak surat
Garten
kebun

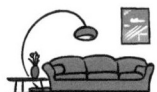

Wohnzimmer

ruang tamu

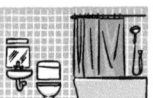

Badezimmer

kamar mandi

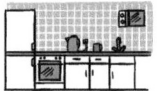

Küche

dapur

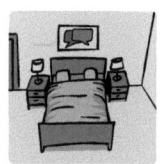

Schlafzimmer

kamar tidur

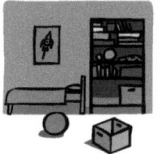

Kinderzimmer

kamar anak

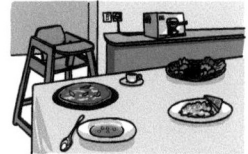

Esszimmer

kamar makan

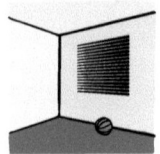

Boden

lantai

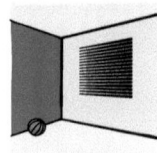

Wand

tembok

Decke

atap

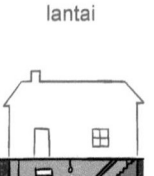

Keller

gudang di bawah tanah

Sauna

sauna

Balkon

balkon

Terrasse

teras

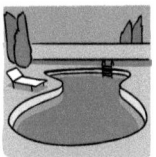

Schwimmbad

kolam renang

Rasenmäher

mesin pemotong rumput

Bettbezug

sprei

Bettdecke

selimut

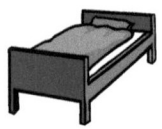

Bett

tempat tidur

Besen

sapu

Eimer

ember

Schalter

tombol

Wohnzimmer
ruang tamu

Tapete
kertas dinding
Bild
gambar
Lampe
lampu
Regal
rak
Schrank
kabinet
Fernseher
televisi
Kamin
perapian
Blume
bunga
Kissen
bantal
Sofa
sofa
Vase
vas
Fernbedienung
remote control

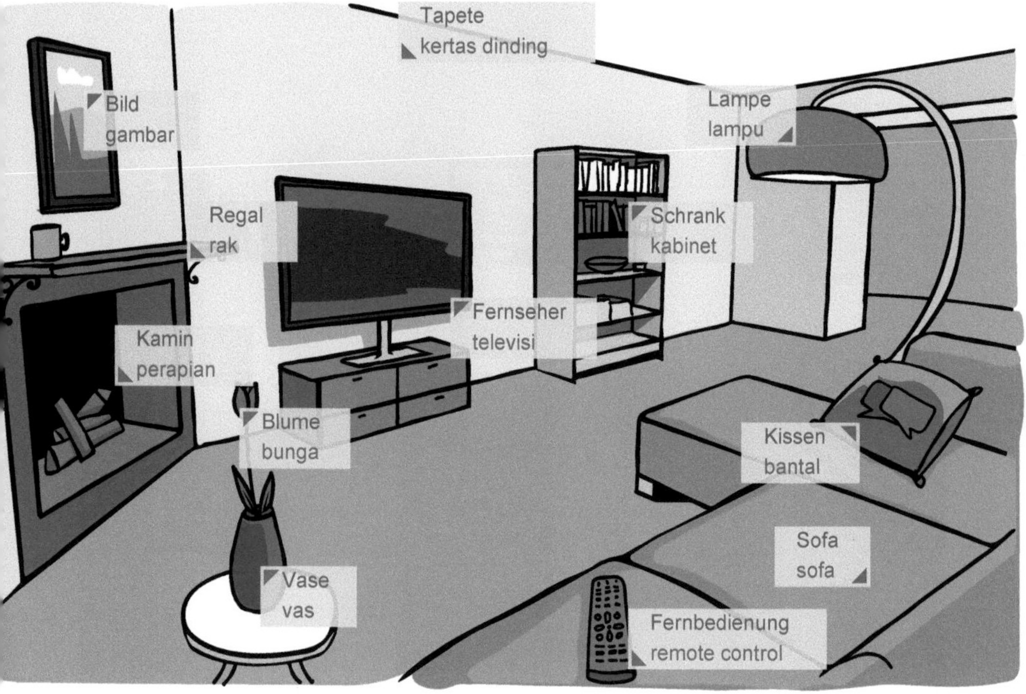

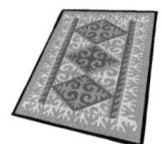

Teppich

karpet

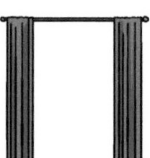

Vorhang

korden

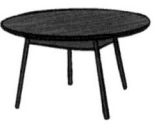

Tisch

meja

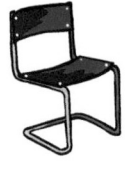

Stuhl

kursi

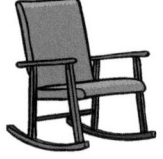

Schaukelstuhl

kursi goyang

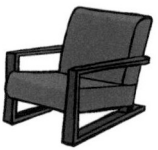

Sessel

kursi malas

Buch

buku

Decke

selimut

Dekoration

dekorasi

Feuerholz

kayu bakar

Film

filem

Stereoanlage

hi-fi

Schlüssel

kunci

Zeitung

koran

Gemälde

lukisan

Poster

poster

Radio

radio

Notizblock

buku tulis

Staubsauger

penyedot debu

Kaktus

kaktus

Kerze

lilin

Küche
dapur

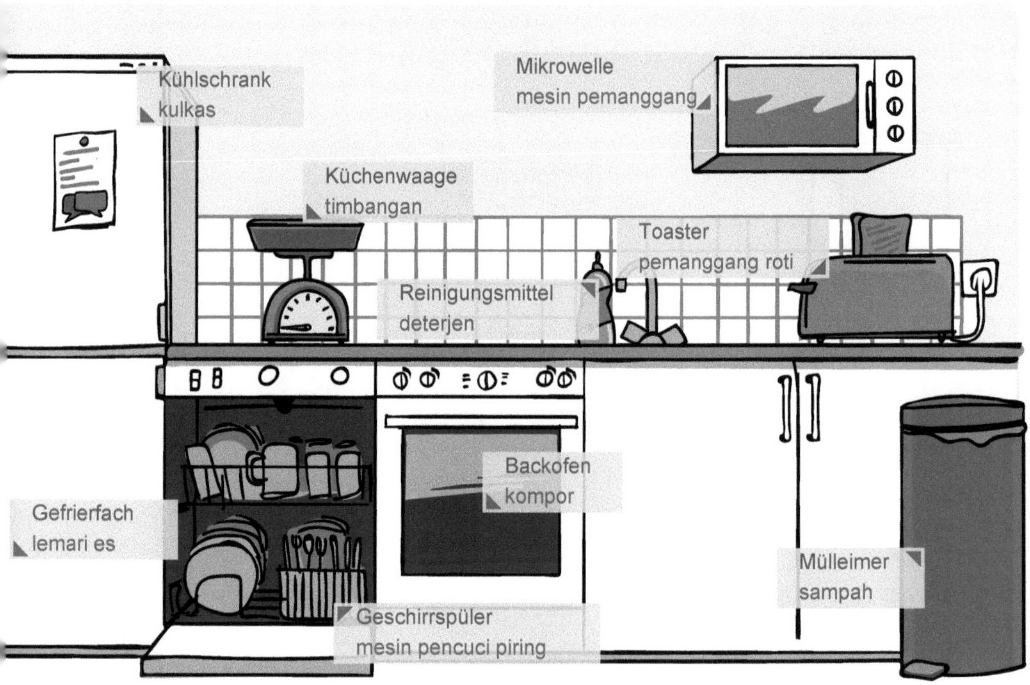

Kühlschrank
kulkas
Mikrowelle
mesin pemanggang
Küchenwaage
timbangan
Toaster
pemanggang roti
Reinigungsmittel
deterjen
Backofen
kompor
Gefrierfach
lemari es
Mülleimer
sampah
Geschirrspüler
mesin pencuci piring

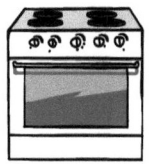

Herd
kompor

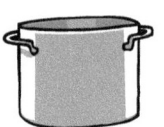

Topf
panci

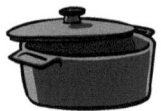

Eisentopf
panci besi

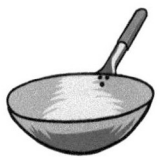

Wok / Kadai
wajan

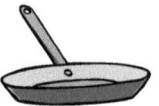

Pfanne
panci

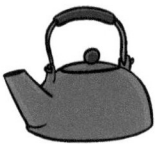

Wasserkocher
pemanas air

Dampfgarer

panci pengukus makanan

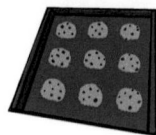

Backblech

nampan

Geschirr

piring

Becher

cangkir

Schale

mangkok

Essstäbchen

sumpit

Suppenkelle

sendok sup

Pfannenwender

sudip

Schneebesen

mengocok

Kochsieb

saringan

Sieb

saringan

Reibe

parutan

Mörser

mortir

Grill

barbeque

Feuerstelle

api terbuka

Schneidebrett

papan memotong

Nudelholz

gilingan

Korkenzieher

alat pembuka botol

Dose

kaleng

Dosenöffner

pembuka kaleng

Topflappen

pegangan panci

Waschbecken

wastafel

Bürste

sikat

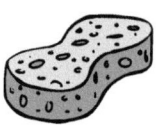

Schwamm

busa

Mixer

mesin pencampur

Gefriertruhe

lemari es

Babyflasche

botol bayi

Wasserhahn

keran

Badezimmer
kamar mandi

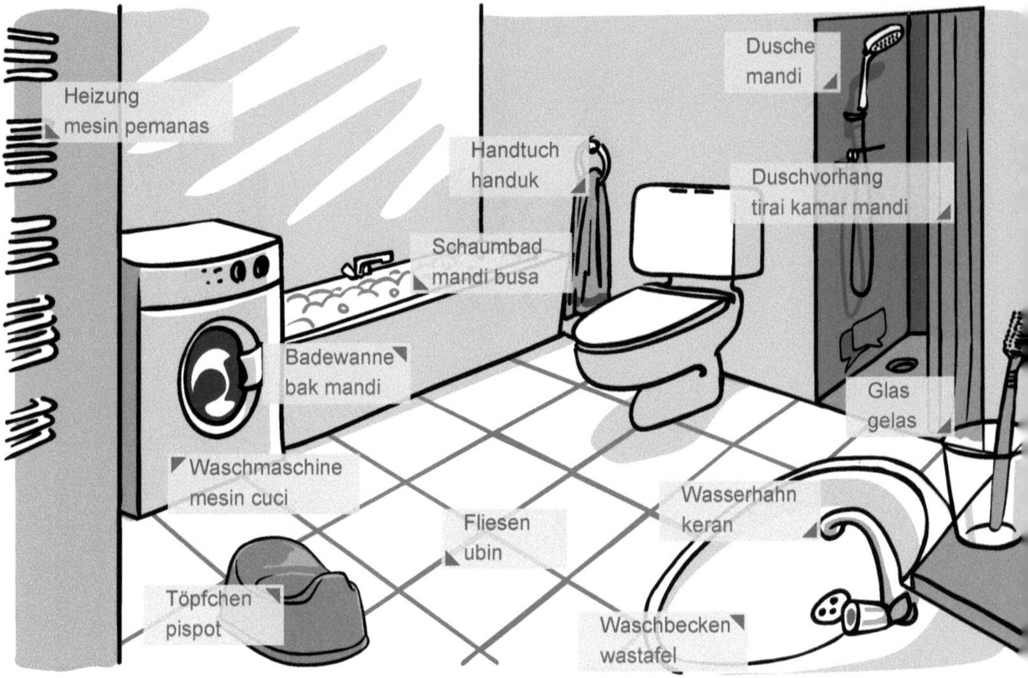

Heizung
mesin pemanas

Dusche
mandi

Handtuch
handuk

Duschvorhang
tirai kamar mandi

Schaumbad
mandi busa

Badewanne
bak mandi

Glas
gelas

Waschmaschine
mesin cuci

Fliesen
ubin

Wasserhahn
keran

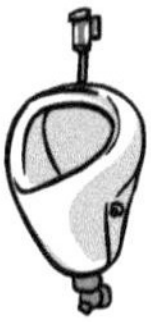

Töpfchen
pispot

Waschbecken
wastafel

Toilette	Hocktoilette	Bidet
toilet	toilet jongkok	 bidet
Pissoir	Toilettenpapier	Toilettenbürste
pissoir	kertas toilet	sikat toilet

		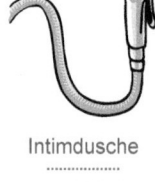
Zahnbürste	Zahnpasta	Zahnseide
sikat gigi	pasta gigi	benang gigi

waschen	Handbrause	Intimdusche
menyuci	pancuran tangan	pancuran

Waschschüssel	Rückenbürste	Seife
bak	sikat punggung	sabun

Duschgel	Shampoo	Waschlappen
gel mandi	sampo	planel

Abfluss	Creme	Deodorant
kuras	krim	deodoran

Spiegel

kaca

Kosmetikspiegel

cermin tangan

Rasierer

pisau cukur

Rasierschaum

busa cukur

Rasierwasser

aftershave

Kamm

sisir

Bürste

sikat

Föhn

alat pengering rambut

Haarspray

semprot rambut

Makeup

makeup

Lippenstift

lipstik

Nagellack

cat kuku

Watte

kapas

Nagelschere

gunting kuku

Parfum

minyak wangi

Kulturbeutel

kantong pencuci

Hocker

bangku

Waage

timbangan

Bademantel

mantel mandi

Gummihandschuhe

sarung tangan karet

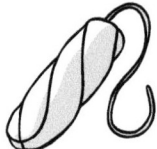

Tampon

tampon

Damenbinde

handuk pembalut

Chemietoilette

toilet kimia

Kinderzimmer
kamar anak

Wecker
jam alarm
Kuscheltier
boneka tidur
Spielzeugauto
mobil-mobilan
Rassel
kelintung
Puppenhaus
rumah boneka
Geschenk
kado

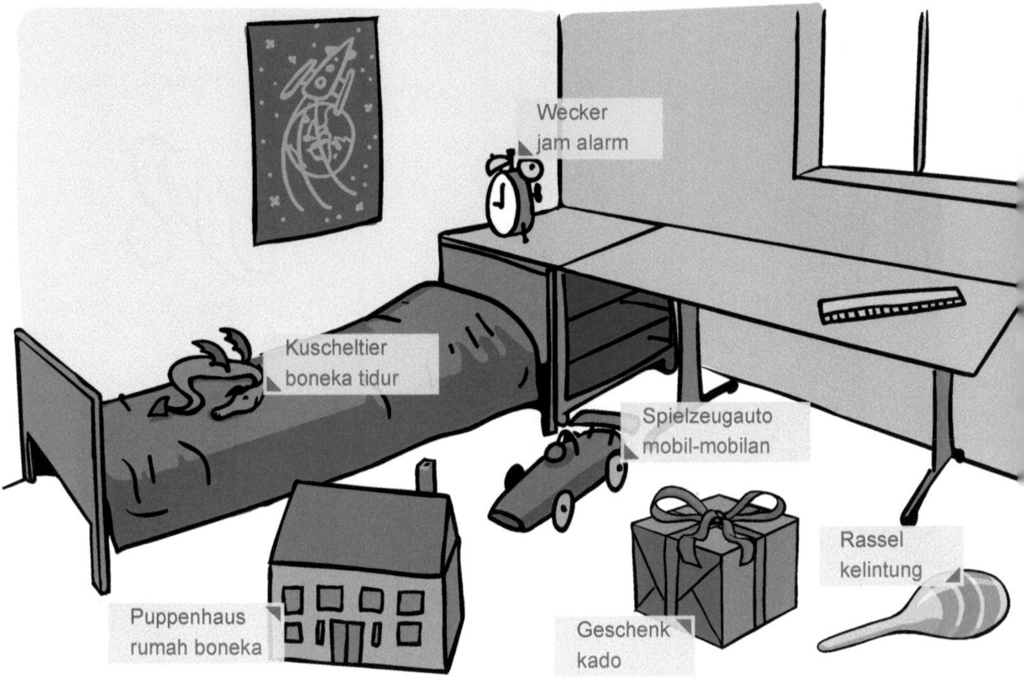

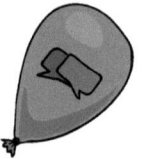

Ballon
balon

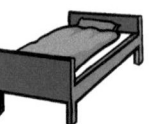

Bett
tempat tidur

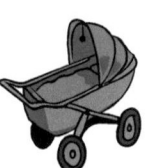

Kinderwagen
kereta bayi

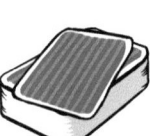

Kartenspiel
mainan kartu

Puzzle
teka-teki

SUPER MEGA

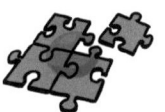

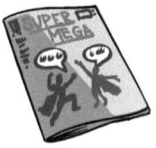

Comic
komik

Legosteine

mainan lego

Bausteine

blok mainan

Action Figur

figur aksi

Strampelanzug

baju monyet

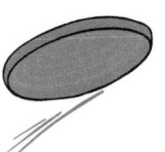

Frisbee

frisbee

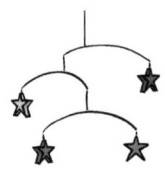

Mobile

mobile

Brettspiel

permainan papan

Würfel

dadu

Modelleisenbahn

set model kreta api

Schnuller

dot

Party

pesta

Bilderbuch

buku gambar

Ball

bola

Puppe

boneka

spielen

bermain

Sandkasten

tempat main pasir

Schaukel

ayunan

Spielzeug

mainan

Spielkonsole

video game konsol

Dreirad

sepeda roda tiga

Teddy

teddy

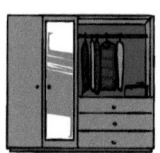

Kleiderschrank

lemari pakaian

Kleidung

pakaian

Socken

kaos kaki

Strümpfe

kaos kaki

Strumpfhose

baju ketat

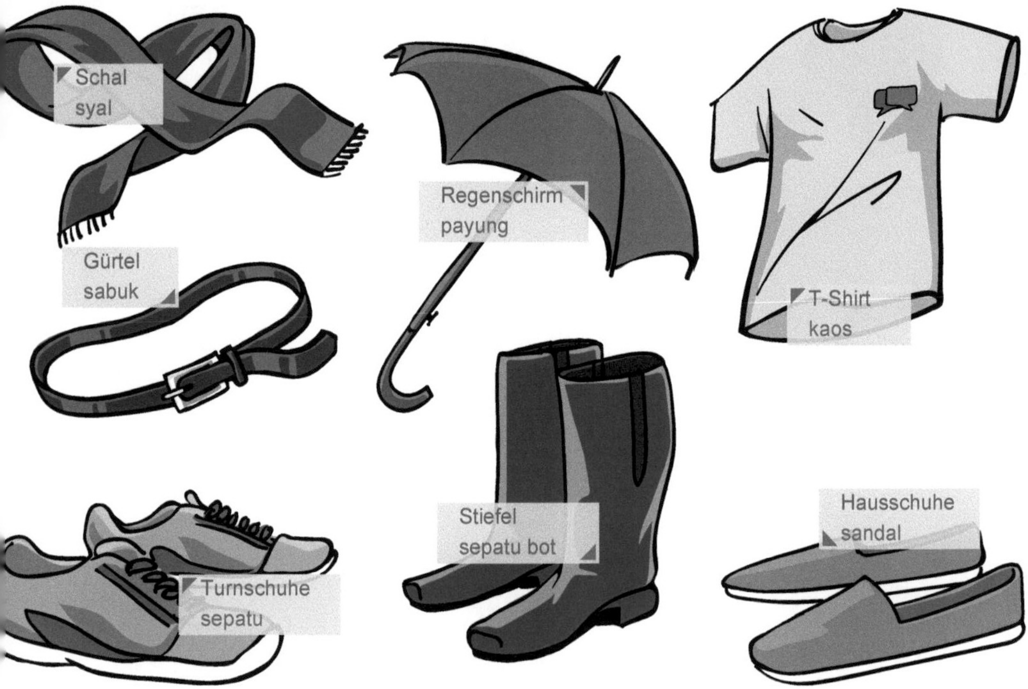

Schal
syal

Regenschirm
payung

T-Shirt
kaos

Gürtel
sabuk

Turnschuhe
sepatu

Stiefel
sepatu bot

Hausschuhe
sandal

Sandalen
....
sandal

Schuhe
....
sepatu

Gummistiefel
....
sepatu bot karet

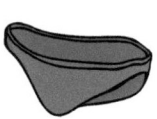

Unterhose
....
celana dalam

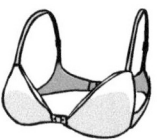

Büstenhalter
....
BH

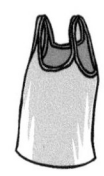

Unterhemd
....
baju rompi

Body

body

Hose

celana

Jeans

jeans

Rock

rok

Bluse

blus

Hemd

kemeja

Pullover

aket berkerudung

Kapuzenpullover

sweater

Blazer

jaket

Jacke

jaket

Mantel

mantel

Regenmantel

jas hujan

Kostüm

kostum

Kleid

gaun

Hochzeitskleid

gaun pengantin

Anzug

setelan resmi

Nachthemd

gaun tidur

Schlafanzug

piyama

Sari

sari

Kopftuch

jilbab

Turban

turban

Burka

burka

Kaftan

kaftan

Abaya

abaya

Badeanzug

pakaian renang

Badehose

celana renang

Kurze Hose

celana pendek

Trainingsanzug

olah raga

Schürze

celemek

Handschuhe

sarung tangan

Knopf

kancing

Brille

kacamata

Armband

gelang

Halskette

kalung

Ring

cincin

Ohrring

anting

Mütze

topi

Kleiderbügel

gantungan mantel

Hut

topi

Krawatte

dasi

Reißverschluss

ritsleting

Helm

helm

Hosenträger

tali selempang

Schuluniform

seragam sekolah

Uniform

seragam

Lätzchen

oto

Schnuller

dot

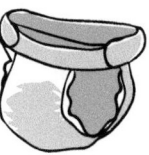

Windel

popok

Büro
kantor

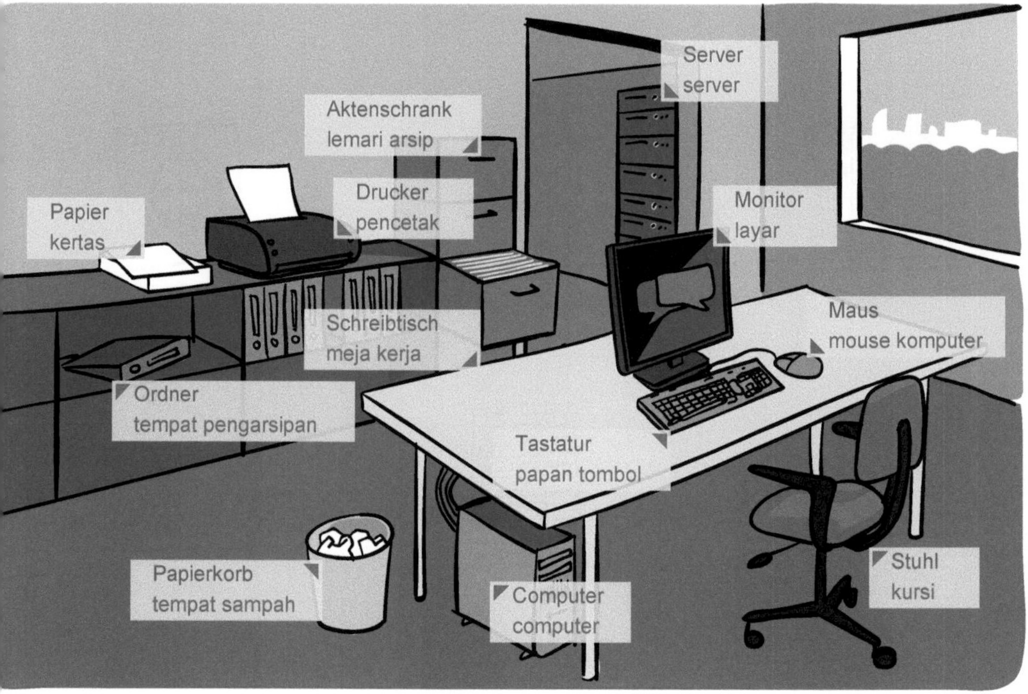

Server
server

Aktenschrank
lemari arsip

Drucker
pencetak

Papier
kertas

Monitor
layar

Schreibtisch
meja kerja

Maus
mouse komputer

Ordner
tempat pengarsipan

Tastatur
papan tombol

Papierkorb
tempat sampah

Computer
computer

Stuhl
kursi

Kaffeebecher

cangkir kopi

Taschenrechner

kalkulator

Internet

internet

Laptop

laptop

Brief

surat

Nachricht

pesan

Handy

telepon seluler

Netzwerk

jaringan

Kopierer

fotokopi

Software

software

Telefon

telepon

Steckdose

plug soket

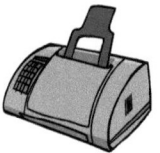

Fax

mesin fax

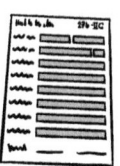

Formular

formulir

Dokument

dokumen

kaufen
....
membeli

bezahlen
....
membayar

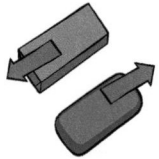

handeln
....
berdagang

Geld
....
uang

Dollar
....
Dollar

Euro
....
Euro

Yen
....
Yen

Rubel
....
Rubel

Franken
....
Franc Swiss

Renminbi Yuan
....
Renminbi Yuan

Rupie
....
Rupiah

Geldautomat
....
ATM

Wechselstube

kantor pertukaran mata uang

Gold

emas

Silber

perak

Öl

minyak

Energie

energi

Preis

harga

Vertrag

kontrak

Steuer

pajak

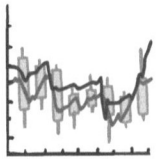

Aktie

saham

arbeiten

bekerja

Angestellter

karyawan

Arbeitgeber

majikan

Fabrik

pabrik

Geschäft

toko

Polizist
petugas polisi

Feuerwehrmann
pemadam kebakaran

Koch
pemasak

Arzt
dokter

Pilot
pilot

Gärtner

tukan kebun

Tischler

tukang kayu

Näherin

penjahit wanita

Richter

hakim

Chemiker

ahli kimia

Schauspieler

aktor

Busfahrer

sopir bis

Taxifahrer

sopir taksi

Fischer

nelayan

Putzfrau

pembantu

Dachdecker

tukang atap

Kellner

pelayan

Jäger

pemburu

Maler

pelukis

Bäcker

tukang roti

Elektriker

tukang listrik

Bauarbeiter

pembangun

Ingenieur

insinyur

Schlachter

tukang daging

Klempner

tukang ledeng

Postbote

tukang pos

Soldat

tentara

Architekt

arsitek

Kassierer

kasir

Florist

penjual bunga

Friseur

penata rambut

Schaffner

konduktor

Mechaniker

montir

Kapitän

kapten

Zahnarzt

dokter gigi

Wissenschaftler

ilmuwan

Rabbi

rabbi

Imam

imam

Mönch

biarawan

Geistlicher

pendeta

Werkzeuge

alat

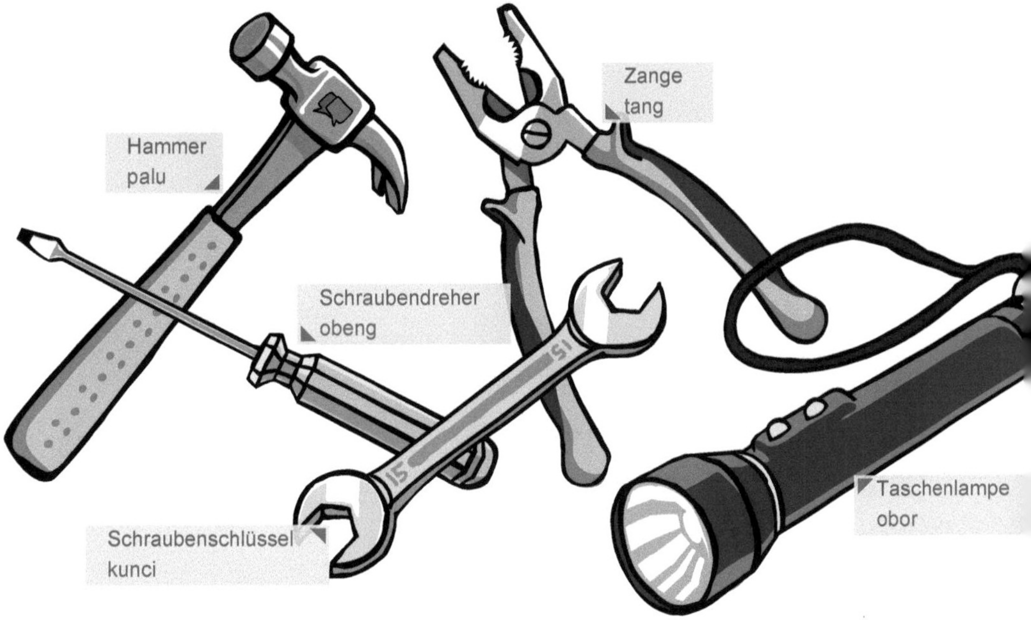

Hammer
palu
Zange
tang
Schraubendreher
obeng
Schraubenschlüssel
kunci
Taschenlampe
obor

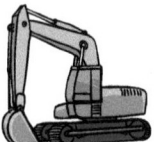

Bagger

penggali

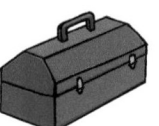

Werkzeugkasten

tas perkakas

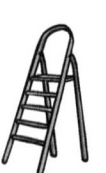

Leiter

tangga

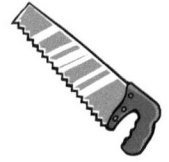

Säge

gergaji

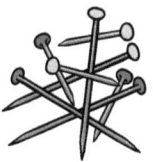

Nägel

paku

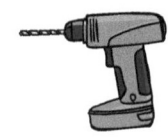

Bohrer

bor

reparieren
perbaikan

Schaufel
sekop

Mist!
Sialan!

Kehrblech
cikrak

Farbtopf
pot cat

Schrauben
sekrup

Musikinstrumente
alat musik

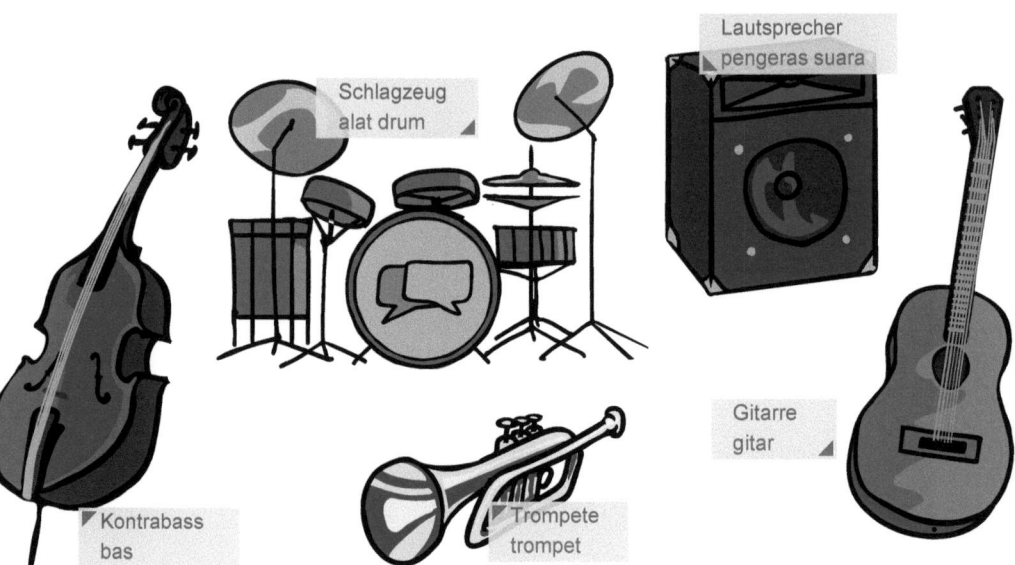

Schlagzeug
alat drum

Lautsprecher
pengeras suara

Gitarre
gitar

Kontrabass
bas

Trompete
trompet

Klavier

piano

Violine

violin

Bass

bass

Pauke

tambur

Trommeln

drum

Keyboard

keyboard

Saxophon

saksofon

Flöte

suling

Mikrofon

mikrofon

Zoo
kebun binatang

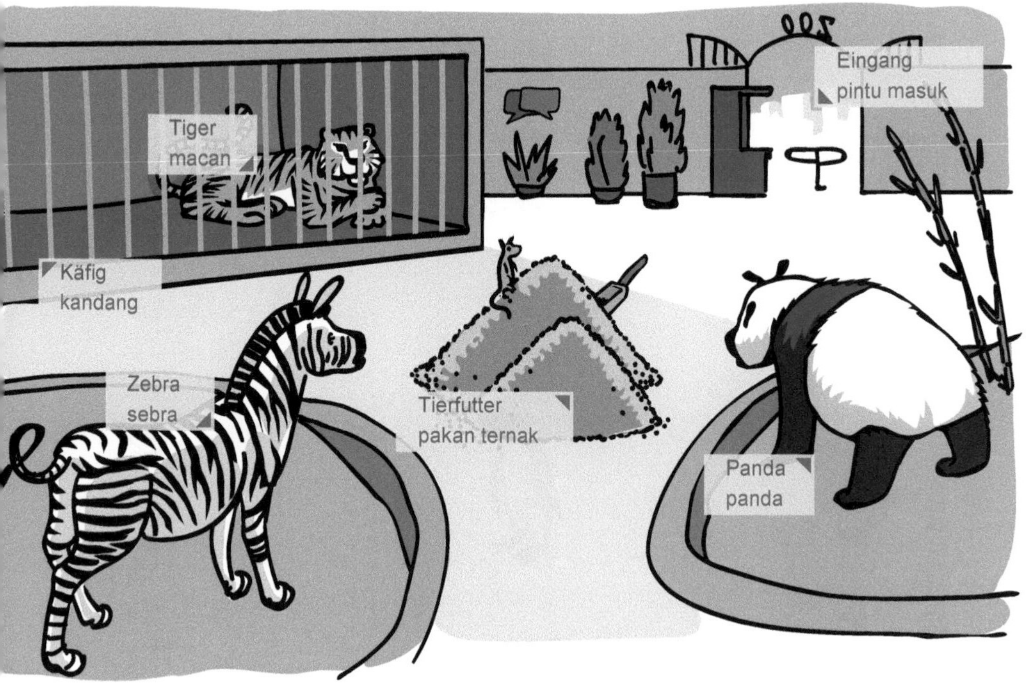

Tiger
macan
Käfig
kandang
Zebra
sebra
Tierfutter
pakan ternak
Eingang
pintu masuk
Panda
panda

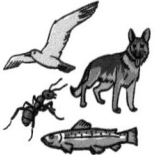

Tiere
hewan

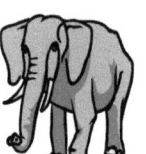

Elefant
gajah

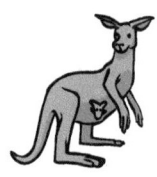

Känguru
kanguru

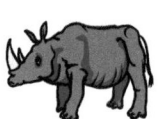

Nashorn
badak

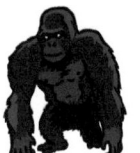

Gorilla
gorila

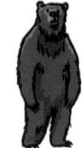

Bär
beruang

Kamel

unta

Strauß

burung unta

Löwe

singa

Affe

monyet

Flamingo

flamingo

Papagei

burung beo

Eisbär

beruang polar

Pinguin

penguin

Hai

hiu

Pfau

merak

Schlange

ular

Krokodil

buaya

Zoowärter

penjaga kebun binatang

Robbe

segel

Jaguar

jaguar

Pony

kuda poni

Leopard

macan tutul

Nilpferd

kuda nil

Giraffe

jerapah

Adler

burung elang

Wildschwein

babi jantan

Fisch

ikan

Schildkröte

kura-kura

Walross

anjing laut

Fuchs

rubah

Gazelle

kijang

American Football
american football

Radfahren
naik sepeda

Tennis
tennis

Basketball
basketbal

Schwimmen
bernang

Boxen
tinju

Eishockey
hoki es

Fußball
sepak bola

Badminton
badminton

Leichtathletik
atletik

Handball
bola tangan

Skilaufen
main ski

Polo
polo

Aktivitäten
aktivitas

springen
meloncat
umarmen
memeluk
lachen
ketawa
gehen
berjalan
singen
menyanyi
träumen
mengimpi
beten
berdoa
küssen
mencium

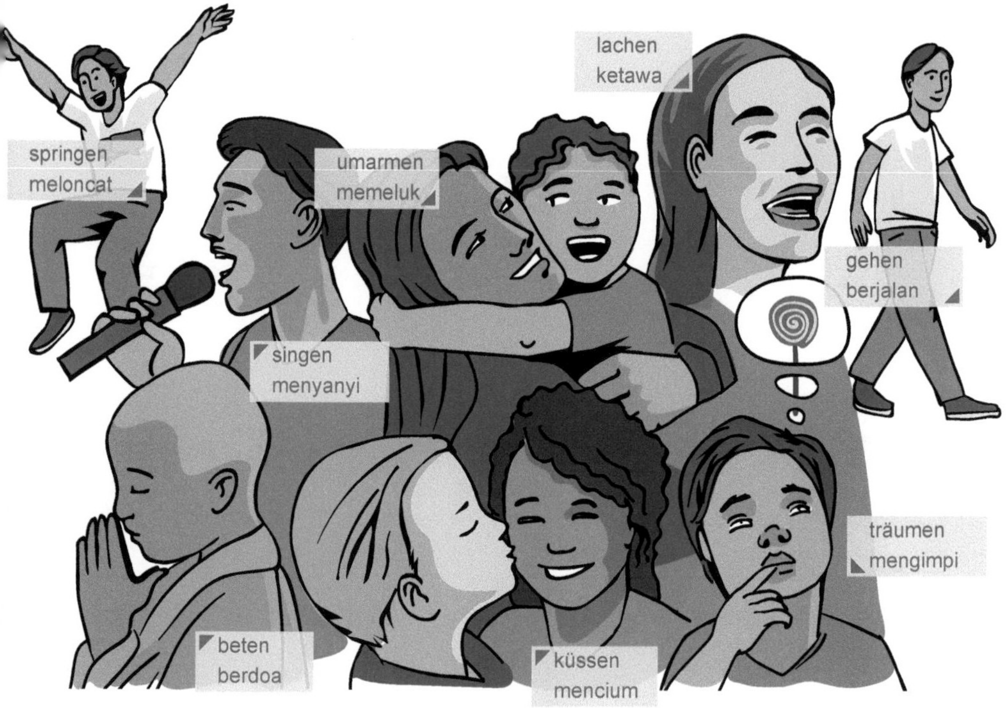

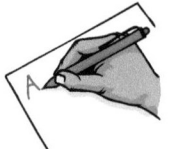

schreiben

menulis

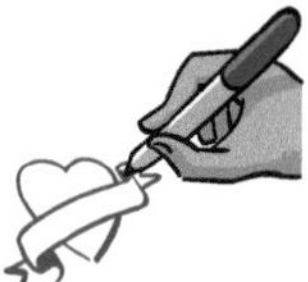

zeichnen

melukis

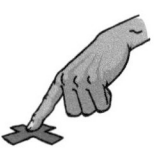

zeigen

menunjuk

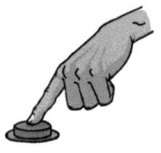

drücken

mendorong

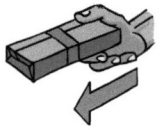

geben

memberikan

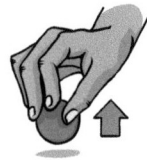

nehmen

mengambil

haben
mempunyai

tun
melakukan

sein
adalah

stehen
berdiri

laufen
berlari

ziehen
menarik

werfen
melempar

fallen
jatuh

liegen
tidur

warten
menunggu

tragen
membawa

sitzen
duduk

anziehen
berpakaian

schlafen
tidur

aufwachen
bangun

Aktivitäten - aktivitas

ansehen

melihat

weinen

menangis

streicheln

mengelus

kämmen

menyisir

reden

berbicara

verstehen

mengerti

fragen

menanyak

hören

mendengar

trinken

minum

essen

makan

aufräumen

merapikan

lieben

cinta

kochen

memasak

fahren

menyetir

fliegen

terbang

segeln

berlayar

rechnen

menghitung

lesen

membaca

lernen

belajar

arbeiten

bekerja

heiraten

menikah

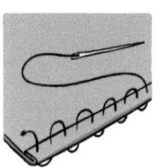

nähen

menjahit

Zähne putzen

sikat gigi

töten

membunuh

rauchen

merokok

senden

kirim

Großmutter
nenek

Großvater
kakek

Vater
bapak

Mutter
ibu

Baby
bayi

Tochter
putri

Sohn
putra

Gast

tamu

Tante

bibi

Onkel

paman

Bruder

kakak laki

Schwester

kakak perempuan

Körper

badan

Stirn
dahi
Auge
mata
Schulter
bahu
Finger
jari
Gesicht
muka
Kinn
dagu
Hand
tangan
Bein
kaki
Brust
payudara
Arm
lengan

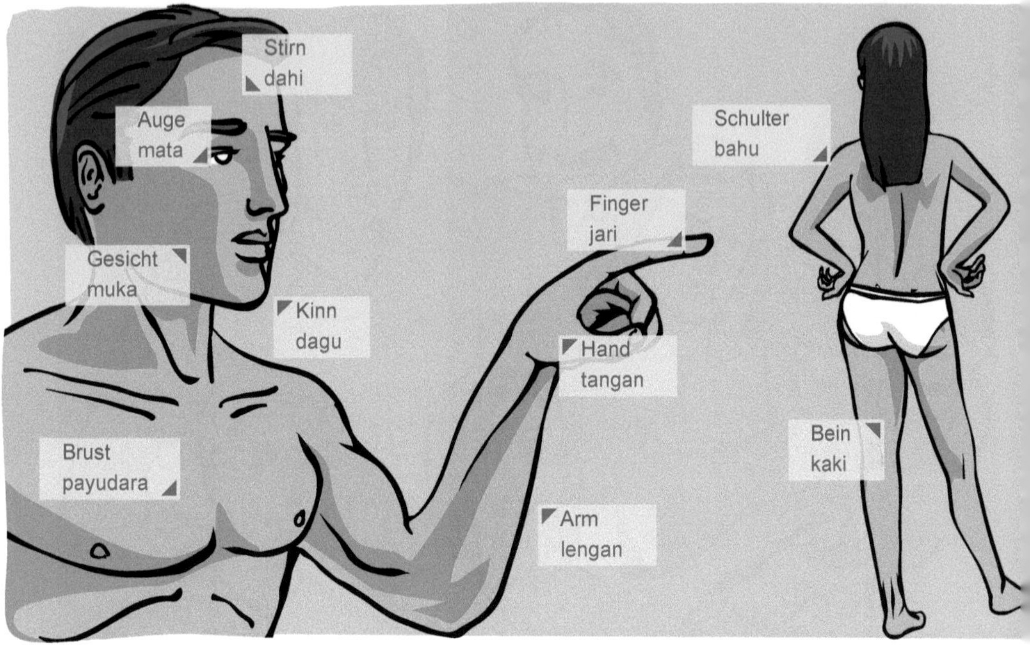

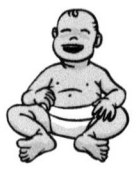

Baby
bayi

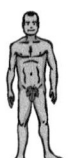

Mann
pria

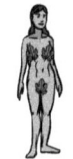

Frau
wanita

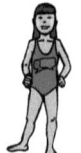

Mädchen
perempuan

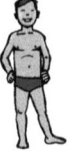

Junge
laki

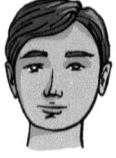

Kopf
kepala

Rücken

punggung

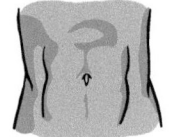

Bauch

perut

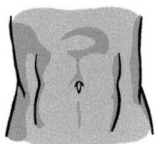

Nabel

pusar

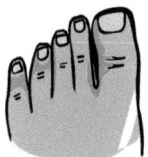

Zeh

toe

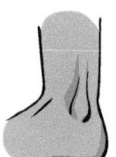

Ferse

tumit

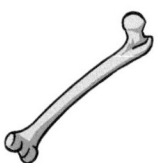

Knochen

tulang

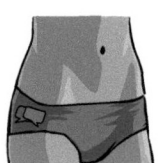

Hüfte

pinggang

Knie

lutut

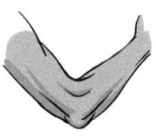

Ellenbogen

siku

Nase

hidung

Gesäß

pantat

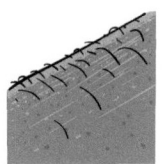

Haut

kulit

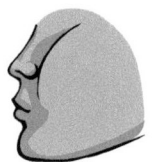

Wange

pipi

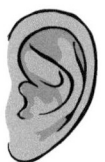

Ohr

telinga

Lippe

bibir

Mund

mulut

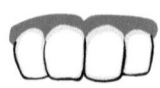

Zahn

gigi

Zunge

lidah

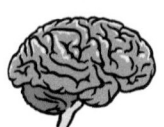

Gehirn

otak

Herz

jantung

Muskel

otot

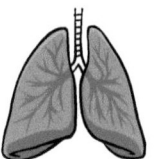

Lunge

paru-paru

Leber

hati

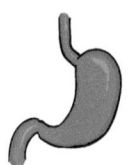

Magen

stomach

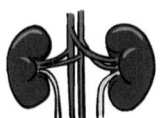

Nieren

ginjal

Geschlechtsverkehr

hubungan seks

Kondom

kondom

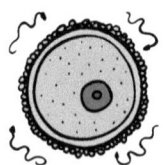

Eizelle

sel telur

Sperma

sperma

Schwangerschaft

kehamilan

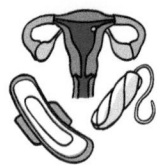

Menstruation

menstruasi

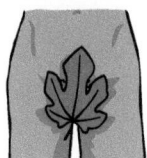

Vagina

vagina

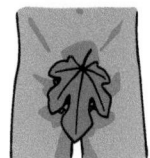

Penis

penis

Augenbraue

alis

Haar

rambut

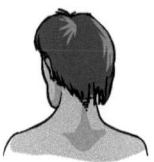

Hals

leher

Krankenhaus
rumah sakit

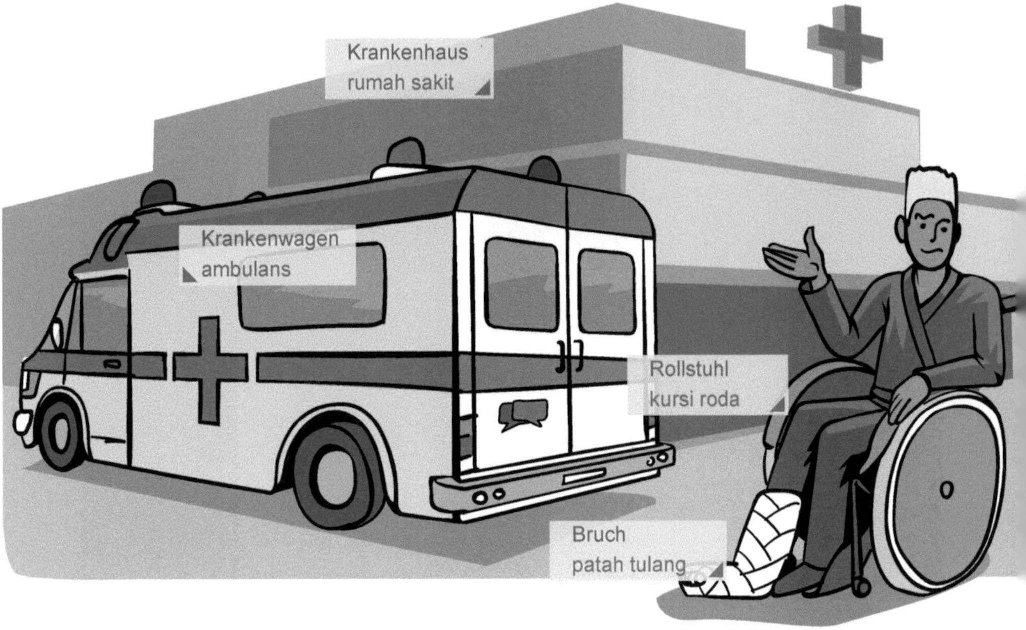

Krankenhaus
rumah sakit
Krankenwagen
ambulans
Rollstuhl
kursi roda
Bruch
patah tulang

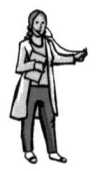

Arzt
dokter

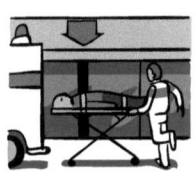

Notaufnahme
ruang darurat

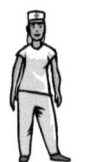

Krankenschwester
perawat

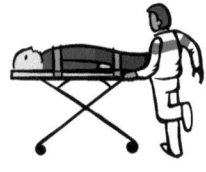

Notfall
darurat

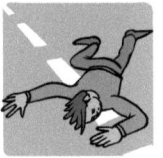

ohnmächtig
semaput

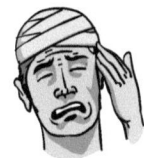

Schmerz
sakit

Verletzung

cedera

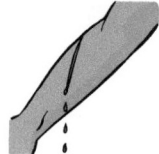

Blutung

perdarahan

Herzinfarkt

serangan jantung

Schlaganfall

stroke

Allergie

alergi

Husten

batuk

Fieber

demam

Grippe

flu

Durchfall

diare

Kopfschmerzen

sakit kepala

Krebs

kanker

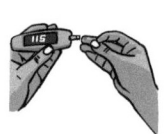

Diabetis

diabetes

Chirurg

ahli bedah

Skalpell

pisau bedah

Operation

operasi

CT
CT

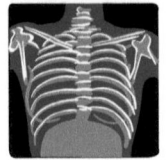

Röntgen
sinar x

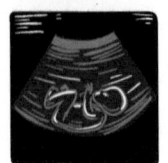

Ultraschall
usg

Maske
topeng

Krankheit
penyakit

Wartezimmer
ruang tunggu

Krücke
penyokong

Pflaster
plester

Verband
perban

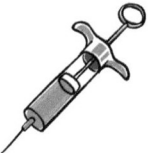

Injektion
injeksi

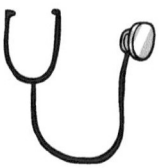

Stethoskop
stetoskop

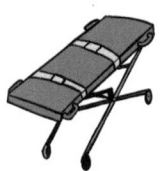

Trage
usungan

Thermometer
termometer klinis

Geburt
kelahiran

Übergewicht
kelebihan berat badan

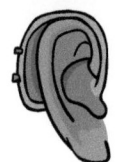

Hörgerät

alat pendengar

Desinfektionsmittel

desinfektan

Infektion

infeksi

Virus

virus

HIV / AIDS

HIV / AIDS

Medizin

obat

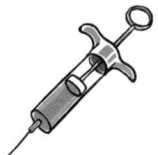

Impfung

vaksinasi

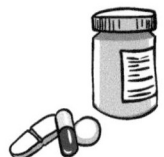

Tabletten

tablet

Pille

pil

Notruf

panggilan darurat

Blutdruck-Messgerät

ukur tekanan darah

krank / gesund

sakit / sehat

Hilfe!

Tolong!

Alarm

alarm

Überfall

penyerbuan

Angriff

serangan

Gefahr

bahaya

Notausgang

pintu darurat

Feuer!

Api!

Feuerlöscher

alat pemadam kebakaran

Unfall

kecelakaan

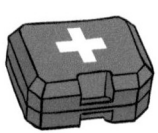

Erste-Hilfe-Koffer

kit pertolongan pertama

SOS

SOS

Polizei

polisi

Europa

Eropa

Nordamerika

Amerika Utara

Südamerika

Amerika Selatan

Afrika

Afrika

Asien

Asia

Australien

Australi

Atlantik

Atlantik

Pazifik

Pasifik

Indischer Ozean

Samudra India

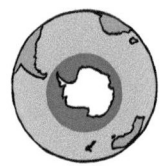

Antarktischer Ozean

Samudra Antartika

Arktischer Ozean

Samudra Arktik

Nordpol

kutub utara

Südpol

kutub selatan

Antarktis

Antarktika

Erde

bumi

Land

tanah

Meer

laut

Insel

pulau

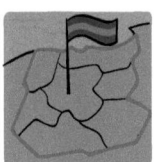

Nation

bangsa

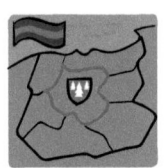

Staat

negara

Zifferblatt

jam wajah

Stundenzeiger

jarum pendek

Minutenzeiger

jarum menit

Sekundenzeiger

jarum detik

Wie spät ist es?

Jam berapa?

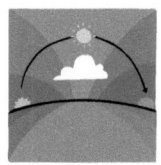

Tag

hari

Zeit

waktu

jetzt

sekarang

Digitaluhr

jam digital

Minute

menit

Stunde

jam

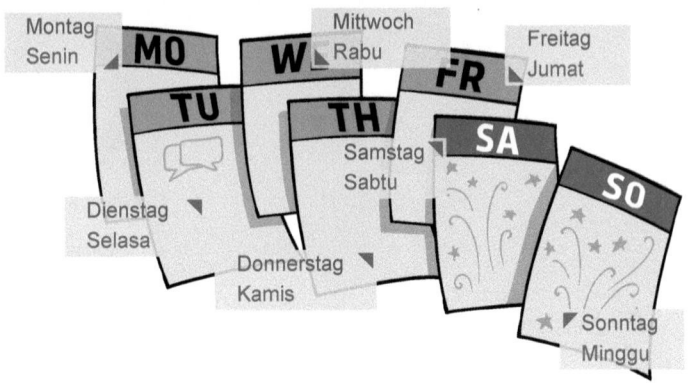

Montag
Senin

Mittwoch
Rabu

Freitag
Jumat

Dienstag
Selasa

Donnerstag
Kamis

Samstag
Sabtu

Sonntag
Minggu

gestern

kemaren

heute

hari ini

morgen

besok

Morgen

pagi

Mittag

siang

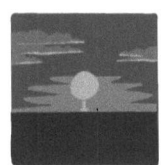

Abend

malam

MO	TU	WE	TH	FR	SA	SU
1	2	3	4	5	6	7
8	9	10	11	12	13	14
15	16	17	18	19	20	21
22	23	24	25	26	27	28
29	30	31	1	2	3	4

Arbeitstage

hari kerja

MO	TU	WE	TH	FR	SA	SU
1	2	3	4	5	6	7
8	9	10	11	12	13	14
15	16	17	18	19	20	21
22	23	24	25	26	27	28
29	30	31	1	2	3	4

Wochenende

akhir minggu

Jahr
tahun

Regen
hujan
Regenbogen
pelangi
Wind
angin
Schnee
salju
Frühling
musim semi
Herbst
musim gugur
Sommer
musim panas
Winter
musim dingin

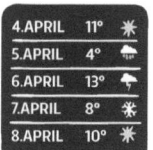

4.APRIL 11°
5.APRIL 4°
6.APRIL 13°
7.APRIL 8°
8.APRIL 10°

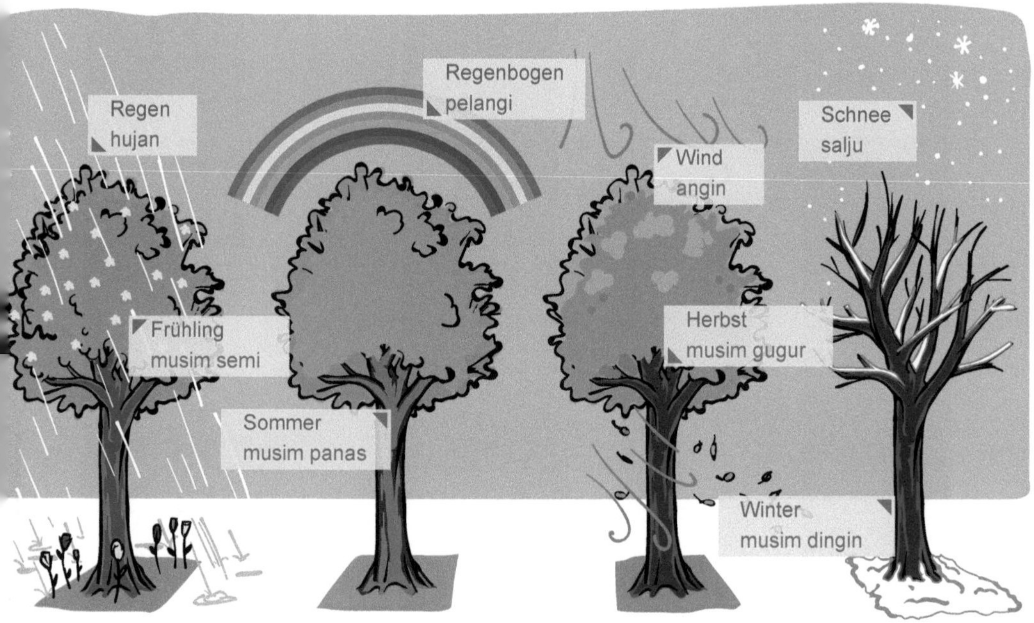

Wettervorhersage

ramalan cuaca

F C
120 40
90 30
60 20
30 10
0 0
-30 -10
-20

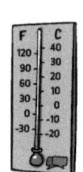

Thermometer

termometer

Sonnenschein

matahari

Wolke

awan

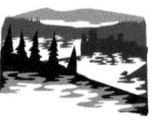

Nebel

kabut

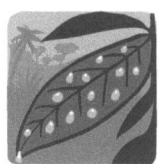

Luftfeuchtigkeit

kelembahan

Blitz

kilat

Donner

guntur

Sturm

badai

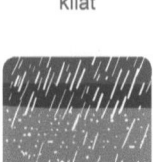

Hagel

hujan es

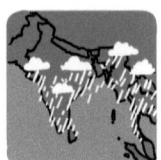

Monsun

monsun

Flut

banjir

Eis

es

Januar

Januari

Februar

Februari

März

Maret

April

April

Mai

Mei

Juni

Juni

Juli

Juli

August

Agustus

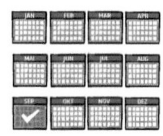

September
September

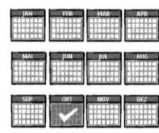

Oktober
Oktober

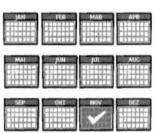

November
November

Dezember
Desember

Formen
bentuk

Kreis
lingkaran

Quadrat
persegi

Rechteck
persegi panjang

Dreieck
segi tiga

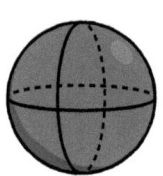

Kugel
bola

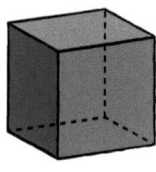

Würfel
kubus

Farben

warna-warna

weiß
....
putih

gelb
....
kuning

orange
....
oranye

pink
....
pink

rot
....
merah

lila
....
ungu

blau
....
biru

grün
....
hijau

braun
....
coklat

grau
....
abu-abu

schwarz
....
hitam

viel / wenig

banyak / sedikit

wütend / friedlich

marah / tenang

hübsch / hässlich

cantik / jelek

Anfang / Ende

mulaih / selesai

groß / klein

besar / kecil

hell / dunkel

terang / gelap

Bruder / Schwester

saudara laki-laki / saudara perempuan

sauber / schmutzig

bersih / kotor

vollständig / unvollständig

lengkap / tidak lengkap

Tag / Nacht

hari / malam

tot / lebendig

mati / hidup

breit / schmal

luas / sempit

genießbar / ungenießbar

dapat dimakan / tidak dapat dimakan

böse / freundlich

jahat / baik

aufgeregt / gelangweilt

bersemangat / bosan

dick / dünn

gemuk / kurus

zuerst / zuletzt

pertama / terakhir

Freund / Feind

teman / musuh

voll / leer

penuh / kosong

hart / weich

keras / lembut

schwer / leicht

berat / enteng

Hunger / Durst

lapar / haus

krank / gesund

sakit / sehat

illegal / legal

ilegal / legal

intelligent / dumm

cerdas / bodoh

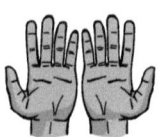

links / rechts

kiri / kanan

nah / fern

dekat / jauh

neu / gebraucht

baru / bekas

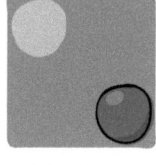

nichts / etwas

tidak ada apapun / sesuatu

alt / jung

tua / muda

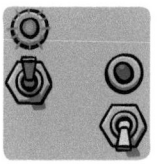

an / aus

nyala / mati

offen / geschlossen

buka / tutup

leise / laut

tenang / keras

reich / arm

kaya / miskin

richtig / falsch

benar / salah

rau / glatt

kasar / halus

traurig / glücklich

sedih / gembira

kurz / lang

pendek / panjang

langsam / schnell

pelan-pelan / cepat

nass / trocken

basah / kering

warm / kühl

hangat / sejuk

Krieg / Frieden

perang / damai

Zahlen

angka-angka

0
null
nol

1
eins
satu

2
zwei
dua

3
drei
tiga

4
vier
empat

5
fünf
lima

6
sechs
enam

7
sieben
tujuh

8
acht
delapan

9
neun
sembilan

10
zehn
sepuluh

11
elf
sebelas

12

zwölf

duabelas

13

dreizehn

tigabelas

14

vierzehn

empatbelas

15

fünfzehn

limabelas

16

sechzehn

enambelas

17

siebzehn

tujuhbelas

18

achtzehn

delapanbelas

19

neunzehn

sembilanbelas

20

zwanzig

duapuluh

100

hundert

seratus

1.000

tausend

seribu

1.000.000

million

juta

Sprachen
bahasa-bahasa

Englisch

Inggris

Amerikanisches Englisch

bahasa Inggris Amerika

Chinesisch Mandarin

bahasa Cina Mandarin

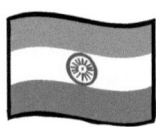

Hindi

bahasa Hindi

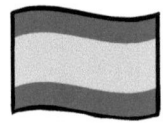

Spanisch

bahasa Spanyol

Französisch

bahasa Perancis

Arabisch

bahasa Arab

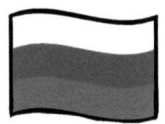

Russisch

bahasa Rusia

Portugiesisch

bahasa Portugis

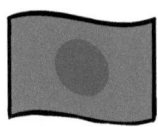

Bengalisch

bahasa Bengal

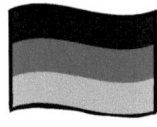

Deutsch

bahasa Jerman

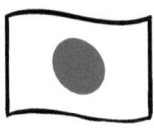

Japanisch

bahasa Jepang

ich
saya

du
kamu

er / sie / es
dia

wir
kita

ihr
kalian

sie
mereka

wer?
siapa?

was?
apa?

wie?
begaimana?

wo?
dimana?

wann?
kapan?

Name
nama

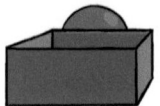

hinter
....
dibelakang

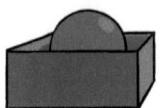

in
....
di

vor
....
didepan

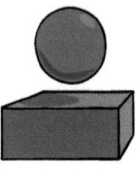

über
....
diatas

auf
....
diatas

unter
....
dibawah

neben
....
sebelah

zwischen
....
di antara

Ort
....
tempat